世界五千年
科技故事丛书

卢嘉锡题

世界五千年科技故事丛书

博采众长自成一家

叶天士的故事

丛书主编　管成学　赵骥民

编著　陶晓华

吉林出版集团｜吉林科学技术出版社

图书在版编目（CIP）数据

博采众长自成一家：叶天士的故事 / 管成学，赵骥民主编.
-- 长春：吉林科学技术出版社，2012.10（2022.1 重印）
ISBN 978-7-5384-6133-6

Ⅰ.① 博… Ⅱ.① 管… ② 赵… Ⅲ.① 叶天士（1667～1746）
—生平事迹—通俗读物 Ⅳ.① K826.2-49

中国版本图书馆CIP数据核字（2012）第156279号

博采众长自成一家：叶天士的故事

主　　编　管成学　赵骥民
出 版 人　宛　霞
选题策划　张瑛琳
责任编辑　张胜利
封面设计　新华智品
制　　版　长春美印图文设计有限公司
开　　本　640mm×960mm　1 / 16
字　　数　100千字
印　　张　7.5
版　　次　2012年10月第1版
印　　次　2022年1月第4次印刷

出　　版　吉林出版集团
　　　　　吉林科学技术出版社
发　　行　吉林科学技术出版社
地　　址　长春市净月区福祉大路 5788 号
邮　　编　130118
发行部电话 / 传真　0431-81629529　81629530　81629531
　　　　　　　　　　81629532　81629533　81629534
储运部电话　0431-86059116
编辑部电话　0431-81629518
网　　址　www.jlstp.net
印　　刷　北京一鑫印务有限责任公司

书　　号　ISBN 978-7-5384-6133-6
定　　价　33.00元
如有印装质量问题可寄出版社调换
版权所有　翻印必究　举报电话：0431-81629508

序　言

十一届全国人大副委员长、中国科学院前院长、两院院士

（签名）

　　放眼21世纪，科学技术将以无法想象的速度迅猛发展，知识经济将全面崛起，国际竞争与合作将出现前所未有的激烈和广泛局面。在严峻的挑战面前，中华民族靠什么屹立于世界民族之林？靠人才，靠德、智、体、能、美全面发展的一代新人。今天的中小学生届时将要肩负起民族强盛的历史使命。为此，我们的知识界、出版界都应责无旁贷地多为他们提供丰富的精神养料。现在，一套大型的向广大青少年传播世界科学技术史知识的科普读物《世

_____

界五千年科技故事丛书》出版面世了。

　　由中国科学院自然科学研究所、清华大学科技史暨古文献研究所、中国中医研究院医史文献研究所和温州师范学院、吉林省科普作家协会的同志们共同撰写的这套丛书，以世界五千年科学技术史为经，以各时代杰出的科技精英的科技创新活动作纬，勾画了世界科技发展的生动图景。作者着力于科学性与可读性相结合，思想性与趣味性相结合，历史性与时代性相结合，通过故事来讲述科学发现的真实历史条件和科学工作的艰苦性。本书中介绍了科学家们独立思考、敢于怀疑、勇于创新、百折不挠、求真务实的科学精神和他们在工作生活中宝贵的协作、友爱、宽容的人文精神。使青少年读者从科学家的故事中感受科学大师们的智慧、科学的思维方法和实验方法，受到有益的思想启迪。从有关人类重大科技活动的故事中，引起对人类社会发展重大问题的密切关注，全面地理解科学，树立正确的科学观，在知识经济时代理智地对待科学、对待社会、对待人生。阅读这套丛书是对课本的很好补充，是进行素质教育的理想读物。

　　读史使人明智。在历史的长河中，中华民族曾经创造了灿烂的科技文明，明代以前我国的科技一直处于世界领先地位，产生过张衡、张仲景、祖冲之、僧一行、沈括、郭守敬、李时珍、徐光启、宋应星这样一批具有世界影响的科学家，而在近现代，中国具有世界级影响的科学家并不多，与我们这个有着13亿人口的泱泱大国并不相称，与世界先进科技水平相比较，在总体上我国的科技水平还存在着较大差距。当今世界各国都把科学技术视为推动社会发展的巨大动力，把培养科技创新人才当做提高创新能力的战略方针。我国也不失时机地确立了科技兴国战略，确立了全面实施素质教育，提高全民素质，培养适应21世纪需要的创新人才的战略决策。党的十六大又提出要形成全民学习、终身学习的学习型社会，形成比较完善的科技和文化创新体系。要全面建设小康社会，加快推进社会主义现代化建设，我们需要一代具有创新精神的人才，需要更多更伟大的科学家和工程技术人才。我真诚地希望这套丛书能激发青少年爱祖国、爱科学的热情，树立起献身科技事业的信念，努力拼搏，勇攀高峰，争当新世纪的优秀科技创新人才。

目　录

勤奋好学的童年/011

牛刀小试初出道/018

师从名医十七人/025

"天医星"的来历/046

见微知著　料医如神/055

妙手回春　医林高手/068

医贫/080

喉痧（猩红热）的记载/085

物理降温方法的使用/088

洞庭湖上著华章/090

"踏雪斋"与"扫叶山房"/099

"子孙慎勿轻言医"/109

桃李芬芳　后继有人/112

勤奋好学的童年

　　话说苏州城内有座上津桥，桥下溪水潺潺流过，桥边住着几户人家，构成了一幅"小桥流水人家"的美丽图画。其中有一家男主人叫叶阳生，以行医为业；女主人种桑养蚕，操持家务，日子过得殷实平和。他们家祖籍安徽歙县，后因兵荒马乱，生活无着，流落至此。叶阳生的父亲名叫叶紫帆，也是一位医生，尤其擅长治疗儿科疾病。他治病不分贫富贵贱，一律平等对待。叶阳生继承了父亲的优良品质，他治病的范围更广，内、外、妇、儿无所不包。而且爱好吟诗作画弹琴，兴趣颇广，是位多才多艺的人。据说他画的花鸟草虫，呼之欲出，栩栩如生；所写的咏诵春光的诗句，曾被私塾的先生拿去教孩子们。

相传苏州有个叫范长倩的少参（当时的一个官职），年已50岁，尚无子嗣，范家上下无不为此忧虑，又是寻医问药，又是求神拜佛，忙得不亦乐乎。苍天不负有心人，这一年，范夫人生下一个儿子。晚年得子，自然欢喜异常。但令少参夫妇喜中有忧的是，孩子生下来就无肛门，且啼哭不已。请了很多医生诊视，大家都束手无策。有人建议请叶阳生看看，范少参当即差遣仆人照办。叶阳生诊察一番后，对周围的人说："孩子的肛门被一层膜所包裹，必须用手术的方法将之割开。"当即取出随身携带的手术器具，为孩子做了手术。几天后，孩子的肛门终于通了。婴儿得救，范家非常高兴，置办厚礼来酬谢叶阳生。从此，他的名声就传开了。

公元1667年（清康熙六年）花红柳绿的季节，一阵震耳欲聋的鞭炮声在上津桥附近炸响，邻里的孩子们都不约而同地朝着响声跑去。原来这是叶阳生的夫人十月怀胎，生下了一个男婴。叶阳生为孩子取名天士，小名叫桂，望着襁褓中那红润的脸蛋，夫妇俩禁不住浮想联翩，指盼着他长大后能子承父业，有一番出息。

时光飞逝，转眼间孩子到了上私塾（过去由私人办理的学校，每个私塾一般只有一位老师，至于教材及学习年限，则五花八门，不像今天这样整齐划一，有着严格的规定）的年龄，阳生夫妇一合计，决定将他送到附近较有名的私塾去念书。

私塾的这位老先生穿着长袍马褂，留着长长的胡子，他对学生要求很严，上课时总是随身带着一把戒尺，谁要是背不了课文或是回答不出老师提出的问题，免不了手或屁股挨打。学生们在念书时，他总是在你身边走来走去，不时用严厉的眼光盯着你，所以学生们都非常怕他。

说也奇怪，叶天士自上学后却很少挨打。原来他学习非常勤奋，而且天资聪颖，所以进步很快。别的孩子拿上手就皱眉头的《四书》《五经》（这些都是封建社会念书的孩子们所必须读的书），他却念得有滋有味，爱不释手，大多能倒背如流，所以深得老师喜爱。阳生夫妇也三天两头听到别人的称赞。即使如此，他们也没有放松孩子的学习。为了以后他能行医济世，叶阳生决定给孩子加码，让他一面念书，一面开始学习中医。

于是，每天从私塾放学后，叶天士除了复习在私塾所学的课文外，还得背诵父亲布置的医书，如《药性歌括》《汤头歌诀》《濒湖脉学》等中医启蒙读物。过不了几天，父亲就要检查督促，所以叶天士不敢有丝毫懈怠。过了几年，叶阳生又教他学习层次更高的经典著作如《黄帝内经》《伤寒论》等。现在的青年朋友们可能对中医还不太了解，中医是我国特有的医学，它的理论大都是由古文记载，文字艰涩难懂，医理精深广博，要学好它很不容易，但叶天士却能静下心来潜心攻读，为日后的行医生涯打下了良好的基础。

就这样，叶天士在学习儒学和医学的岁月中度过了自己的童年。

牛刀小试初出道

　　公元1681年（清康熙二十年），这一年对于叶天士来说，是永远不能忘记的岁月。

　　这一年，叶阳生患病去世，年仅40多岁。

　　突如其来的打击，使得夫人和年仅14岁的

叶天士抱头痛哭、悲痛万分，好像家里房屋的顶梁柱一下子坍塌了一样。父亲在世时，叶天士只管念书学医，衣食起居全由父亲料理。现在一下失去依靠，孤儿寡母真不知如何是好，母亲整天以泪洗面、唉声叹气，叶天士脸上也失去了往日的笑容。

在悲痛的气氛中度过了几天，照说叶天士又该继续念书了。谁知他却出人意料地对母亲说："妈妈，我明天不去上学了，准备去爸爸的诊所看病。"

"不让你念书，我如何对得起精心培养你，并对你寄予厚望的父亲啊？再说你才14岁，叫病人怎能相信你呢？"母亲不无忧虑地说。

"这个我早就想过了，继续念书也只有做官这条路有盼头。像我们这样几代行医的家庭，还不如早点学些治病救人的本领为老百姓排忧解难为好。"

见孩子说得在理，叶夫人也就不再坚持自己的想法，她叮嘱了孩子做医生该注意的几点事情后，就为他出诊作准备去了。

次日，天刚蒙蒙亮，叶天士便辞别母亲，来到了父亲原来的诊所。

诊所内已有一位姓朱的医生在招呼病人，他是叶阳生的徒弟。师傅去世后，就由他主持诊断的活计。

今天见叶天士来到，忙问有什么事情，叶天士将来意一一相告。

朱医生自然满口答应，他看着叶天士长大，平时见他聪明伶俐，也就非常喜欢，并常带着他一起玩。恩师去世之后，朱医生也在考虑叶天士的前途，今天见他亲自前来，与自己的想法不谋而合，心中当然高兴。

为了使叶天士能尽快地独立诊治病人，除了通过让他在一边侍诊，代抄处方外，朱医生还毫无保留地将自己所知道的传授给了叶天士，并为他制订了严格的学习计划。叶天士反应机敏，闻一知十。虽然医学是一门高深的学问，但他稍经点拨即通。有时对某些问题的见解还超过老师，令人刮目相看。

一天，有位病人前来求诊，他小便不通多日，腹胀如鼓，疼痛不已。并述说咽干，心烦口渴想喝水，咳嗽。朱医生见状，就给病人开了一些通利小便的药，如木通、车前子、瞿麦等，病人回去服了几剂后，腹中仍无动静，复向朱医生请教，朱医生一听，也颇觉奇怪：药与证合，应该有效，但却无动静，是何缘故？百思不得其解。

这时一直在旁侍诊的叶天士开口说了话："老师，我看此症可试用'提壶揭盖'之法。"朱医生忙问其故，叶天士说："病人虽然腹大如鼓，滴水不出，但口渴、咽干、心烦、咳嗽，一派肺热之象。所以肺热是本，尿闭是标，必须采用清肺利水之法（也就是他所说的'提壶揭盖'法，因为肺热在上，尿闭在下，如果将在上的肺热清除，则尿也就排出来了。这就像一个装满水的水壶，如果密不透风，就很难倒出水来，若将壶盖拿去，水也就顺利地排出来了）。"老师见叶天士说的在理，答应让病人试试此法。

病人才服下两剂药，即小便畅利，顿感轻松。随后，他逢人就说：叶阳生之子虽然年纪轻轻，但医术不让其师，后生可畏，前途不可限量。

几年以后，叶天士的医名已超过朱医生，

来找他看病的人络绎不绝。不到20岁，已经是

苏州一带有名的医生了。

师从名医十七人

　　春秋战国时期的大学者孔子曾经说过：

"三人行，必有我师焉。"这句话的意思是

说，几个人走在一起，其中就有比自己高明的

人可以当自己的老师。这句话经过岁月的锤

炼，已成为千古名言。历史上无数莘莘学子按照孔子的话去做，而成就了伟大的事业。

叶天士读私塾时，《论语》是他烂熟于心的课程，当然不会不知道孔子的这句话。虽然他没有将之作为条幅悬于家中，但他确实是这么做的。

毫无疑问，叶天士的中医启蒙老师是自己的父亲，他不光从父亲那里学到了初步的医学知识，更重要的是学会了做一名医生所应具备的品德，这点可以说使他受益终生。

朱医生是叶天士的第二位老师，确切地说是他领着叶天士进入了治病救人的实践领域。如果说，当年叶阳生是扶着叶天士走路，则朱医生是指导着他自己走路。尤其难能可贵的是，后来当叶天士声名鹊起时，他不但不嫉妒、不难受，反而从内心感到快慰，觉得自己没有辜负恩师的在天之灵，尽到了作为一个弟子所应尽的义务。

光阴似箭，叶天士渐渐长大成人，他对医学技术的追求也愈加精深，已不满足于只跟从朱医生学习和自己单独揣摩，而是向往更广阔的天地，汲取更丰富的营养，他在寻找着这样的机会。

一天，苏州城外的大道上一前一后来了两人。前面的骑着马，斯斯文文，像是一位读书人。后面跟着的像是小书童，他挑着担子，里面装着书籍及洗换衣物。原来是浙江省的王举人上京赶考，路过此地。

苏州城就在眼前，西边天际只剩下一抹晚霞，主仆两人决定在城内住下，明天接着赶路。谁知刚在客栈安顿好，王举人就感觉浑身不舒服，全身酸痛，鼻塞流涕，头痛，急忙派书童去找医生。

书童在附近一打听，有人说叶天士就住在附近，何不找他试试。浙江、江苏为唇齿相依的邻省，对叶天士的医名，主仆两人也略知一二，当即决定前去请他诊治。

来到叶家，经详细询问症状，诊过脉后，叶天士对王举人说："您患的是风寒病（类似现在的感冒），用了我开的药就会好。但身体内还有火热，上京赶考路途遥远，您将患消渴病（类似现在的糖尿病）。不超过100天，必定无办法救治。"说完给王举人开了几服风寒药。就让他们返回了。

辞拜叶天士回到客栈，王举人一言不发。书童安慰他说："这是医生惯用伎俩，通过恐吓病人而赚钱发财，何况叶天士也只不过是个医生，又不是神童，他就能说得那么准？您不必太在意。"

说完，书童忙着煎药服侍举人服下。几服药后，经轻微发汗，风寒已除，吃饭走路和常人一样。王举人对于叶天士所预言"将患消渴病"一事仍半信半疑，本想留在苏州以观究竟，但考试日期渐渐临近。相比之下，功名事大，也就顾不了这么多，仍昼夜兼程，朝京城赶去。

这天，主仆二人路过镇江金山寺，听人说寺中有位老和尚医术高明，找他求医问药的人络绎不绝。为了验证叶天士所说的话是否正确，王举人决定去拜访这位师傅。

来到寺中，王举人将来意一一相告，谁知问诊察脉后，老和尚所说的与叶天士所说的毫无二致。举人不觉黯然神伤，莫非自己奋斗多年的科举之业就此白费？忙请求救治的方法。

老和尚一见举人的表情，忙安慰他说：

"常言说得好，'兵来将挡，水来土掩'，有其病，必有其治法。你从这里启程的那一天，可买金梨（江浙一带对猕猴桃的俗称）数筐随身携带，渴了就生吃，饿了就煮熟吃，连用几个月，我保证病就会好了。"

王举人按照老和尚的话而行，虽然一路晓行夜宿，辛苦异常，确也平安无事。来到京城，顺利通过了考试，朝廷封了一个相应的官职。

数月后，王举人衣锦还乡，归至苏州，又巧遇叶天士。叶天士见他精神焕发，毫无病容，非常诧异，忙问其中缘由。王举人便将金山寺老和尚诊治情况如实相告。

叶天士一听，心想：老和尚能用这种方法治好病人，决非一般医生可比。当即决定前去拜老和尚为师。他化名为"张生"，乔装打扮成穷苦人，来到金山寺，恳求留在佛门，平时就在寺中打打杂役，有时也跟老和尚学医。

　　老和尚见张生言辞恳切，不像刁滑之徒，就收留了他。在这段时间里，老和尚每次出去看病，都把他带在身边，让他代抄处方。晚上，又与他谈论医道。师徒俩乐此不疲，形影不离。

　　有时叶天士也代老和尚拟方，老和尚见了他开的处方后说："你的学问已和苏州的叶天士不相上下，为何不独树一帜，反跑到我这老朽处学习?"叶天士回答说:"弟子我担心不好好学习,会像叶氏那样误人性命,因而希望精益求精,只有做到万无一失,方可治病救人。"老和尚赞叹道:"你说得真好,恐怕叶天士是说不出这种话来的。"

数月过去,一天,山下抬来一位病人,其腹臌胀如孕,且呻吟不已。来人说:"此人腹痛数年,现在更厉害了,请师傅快想想办法吧!"

老和尚诊察完后,让叶天士复诊,并开出处方。叶天士先开了白信(即氧化物类矿物砷华的矿石,有毒)三分,老和尚见了点头称是:"这药开得好,只是太谨慎了点,此方须加入砒霜（即三氧化二砷的俗称，有毒，中医古籍记载可作药用）一钱，以起死回生，永除疾患。"

叶天士一听，大吃一惊："这个人患的是虫蛊（中医病名，由肠寄生虫所致的疾病，病人经常腹部胀满，皮色苍黄，青筋暴露，类似现在的血吸虫病、肝硬化腹水），用白信三分，使肠中的寄生虫死去即可，用这么多的砒霜病人怎能吃得消？"

老和尚说："你只知道是寄生虫在作怪，但不知道虫的大小，这虫长得将近20余寸，你用三分白信，只不过暂时使虫麻痹一下，过后又会苏醒，使人再次发病。等你再次用药时，虫子已产生了耐药性，即使用药倍量，也没有什么效果。若现在用一钱砒霜，就可以一次将虫杀死，使之随大便排出体外。一劳永逸，岂不更好？"

一席话，说得叶天士心悦诚服。老和尚叫侍者拿出砒霜一钱，放入病人口中，用汤送下。并对来人说："赶紧将病人抬回家，今天晚上他的大便中肯定有虫子解出来。"

当天晚上，病人大便中果然解出一条红色的虫子来，将近2尺长。病人觉得一阵轻松，腹中饥饿，想吃东西。老和尚让他用人参、茯苓（具有补益性质的两味中药）捣成糜粥喝，调治了将近10天，病人就痊愈了。

这件事使叶天士感触很深，他想：自己在老和尚这里学了不少知识，眼看快告辞师傅，不应再隐瞒身份了。遂对老和尚拱手道歉说："师傅，实不相瞒，我就是苏州的叶天士。因羡慕先生您的高超医术，想跟从学习，又怕遭到拒绝，故此改名换姓，前来求学，望先生恕学生欺骗之罪。"

　　老和尚一听，恍然大悟，怪不得张生如此聪明，医理稍经点拨即可，不像医界圈外之人。同时对叶天士这种认真求学的精神也深为佩服。自此以后，两人结为至交。

　　在这个故事中，老和尚用猕猴桃治消渴，用砒霜治虫蛊（臌胀症之一），是有一定道理的。按中医的说法，消渴是由体内阴虚燥热所致，因此治疗时就要滋阴清热。猕猴桃味甘酸性寒，早在唐·崔禹锡所写的《食经》中就记载猕猴桃具有"和中安肝，主黄疸，消渴"的作用，因此选择它来治疗消渴既方便，又有效。砒霜入药，在中医古籍中屡见不鲜，虽然有毒，但却有截疟、杀虫、腐蚀恶肉的作用，用量一般为1—5分。老和尚竟敢用至一钱，可以想见其临床经验的丰富。

有一次，叶天士的老母亲患痢疾，自治无效，病情日益严重。初下物为所吃的水谷之品，后来则纯为血色之物。叶天士很是担忧，左思右想也没有什么好办法。

这天，叶天士偶然问仆人说："城内医家中，还有学问大而名声不响的吗？"仆人回答说："后街有位姓章的，平日夸口技术超过您，但去他那里看病的人也不多。"

　　叶天士惊奇此人的勇气，说："没有金刚钻，不揽瓷器活。敢出大言，必有实学。"于是派仆人去请章某，章某初时不应，待仆人反复申明主人之意，章某这才细心询问仆人："太夫人（对叶天士母亲的尊称）病情到了什么地步，曾服过什么药？"

　　仆人回答说："太夫人服了很多我家主人开的药，但却没有什么效果。眼看病情一天比一天严重，我家主人整天彷徨不安，口中念叨着'黄连'二字不已。"

一听这话，章某就明白了是怎么回事，心里也就有了主意。随仆人来到叶家，诊察完毕，并取来已服的药方细看，沉思片刻后说："药与症符合，应当有效。但太夫人的病是热入于心胃之间，药中须加入黄连才能有效。"

叶天士一听这话，忙点头称是，对章某说："我早就想用该药，因家母年事已高，唯恐伤了元阳，故不敢用，整天只是念叨不已。"

章某说："太夫人两手尺脉长而有神，说明身体底子还好，而且有什么病就用什么药。这样的话，用黄连又有什么顾虑呢？"

叶天士认为章某所说的话很有道理。于是在方中加入黄连若干，让老母亲服下。服一剂痢疾止，服两剂病就痊愈了。

母亲转危为安，叶天士非常高兴，他亲自到章某家中致谢，并赠送厚礼。但章某坚持不要。打这以后，有人来找叶天士看病，他总是说："章医生技术超过我，可请他治疗。"从此，章某的医名也渐渐流传开来。

对于痢疾，中医和西医所用的病名相同。它的主要症状是，腹痛，里急后重（中医术语，描写病人时时想上厕所，肛门重坠，但一到厕所又解不出什么，是痢疾的典型症状），下痢赤白脓血为特征。黄连是一味性质苦寒的中药，它能清热燥湿，泻火解毒。用于痢疾效果很好，现在就有经提纯的小檗碱入黄连素，用于痢疾或肠炎。叶天士之所以犹豫不决，确实由于本品大苦大寒，年老体弱之人，用起来不能不小心。

类似这样的例子叶天士经历了不少。

有一次，叶天士看到徐灵胎（比叶天士稍晚的清代医学家）的一张处方，他一面赞赏徐灵胎看病"颇有心思"，一面批评徐方缺乏古代医书的理论根据，学无根底。后来，他读了唐代医家王焘的《外台秘要》一书，发现徐方是从该书中化裁而来，便责怪自己读书不够，承认自己以前的批评不对。认识到："我以前说徐灵胎所开的处方毫无根底，谁知是出自《外台秘要》一书，由此可知学问无穷，读书不可掉以轻心。"

据传山东有位名医刘某，以精针刺技术闻名，叶天士早就想跟他学习，只是没有找到合适的机会。正巧那位名医有位外甥，患病后其舅未能将之治好，经人介绍特地前来求叶天士诊治。在叶氏的认真治疗下，吃了几服药病就好了，患者很是感谢他。叶天士趁此机会恳求患者介绍他去拜刘某做老师，并隐姓埋名甘当学生。

有自己外甥的推荐，刘某自然接纳了叶天士。

在刘某那里叶天士每天学习非常努力。有一次，遇到一位神志不清的孕妇，刘某诊脉后，说已无能为力了，打算推辞掉。叶天士观察到这个孕妇即将临产，只因胎儿不能转跑（胎儿压迫孕妇膀胱，导致孕妇小便不通的病症），所以痛极而不省人事。他当即在孕妇脐下刺一针，并嘱将她抬回家。回到家中不久，孕妇觉得腹中疼痛，顺利生下一位男婴。

刘某知道这件事后很是惊奇，细细察访，才知道这位学生就是叶天士。叶天士便把自己苦心求教的心情坦诚相告，刘某很感动，于是将自己的真正技术全部传给了叶天士。

随着时间的推移，叶天士的名气越来越

大，但他治病时从不依仗自己是名医而对病人和其他医生吆五喝六，而是非常谦逊和蔼。为了取得更好的疗效，他常常在治病时请别的内行医生来帮忙。

有个病人，饮食睡眠没有什么异常，忽然说不出话来，用了很多药都无效，请叶天士诊治。叶天士说：这是有痰结在肺管里，影响发音，不是单靠药力就能奏效的。于是，他便邀请了一位针灸医生来配合。针灸医生在他的指点下，往病人肺俞穴扎了一针。一会儿，病人猛咳一声，吐出一块"痰核"（病名，指因脾虚不运，湿痰留聚而致皮下生核，大小不一，多少不等。多发于颈项、下颌、四肢及背部），病就好了。

就这样，叶天士怀着一颗虚怀若谷的心，先后向17位名医学习，汲取了他们的长处，加上自己的聪明才智和勤于实践的精神，终于成为清代一位光芒四射的大医学家。

"天医星"的来历

　　像任何其他学科一样，中医学的发展，也经历了由初级到高级、由感性认识到理性认识的发展过程。在远古时期，医巫不分家，从医生角度来说，对一些当时不能治疗或不能解释的疾病和现象，只能借助一些现在看来是迷信的方法，如祈祷、巫祝等，也就是无计可施而不得已的方法，现在一些偏远的地方还有这样的医生通过这样的方式骗取病人的钱财。从病人方面来说，对疾病本质的了解就更加肤浅。患病后经医生治疗获痊愈后，对医生的崇拜心情也就油然而生，甚至认为，医生如此神奇，莫不是鬼神相助。在古代医学传记中，这样的记述比比皆是。

例如战国时期著名医学家秦越人，年轻时曾在一个旅馆当管理员，有位叫长桑君的旅客住在旅馆时，秦越人对他照顾得特别周到，长桑君对此非常感激。有一天，长桑君拿出一卷方书给秦越人，并从怀中拿出一种药让他用未沾地的雨水服下，并说服完这种药后就可以清楚地看见病人的五脏六腑，从而也就知道病人的毛病在什么地方。说完"忽然不见，殆非人也"。显然这是暗示长桑君是神仙一类的人物。正因为有这样的传授，秦越人才成为著名的医学家。

又如明代杰出医药学家李时珍出生时"白鹿入室，紫芝产庭"（这些都是迷信的说法），而且"幼以神仙自命"，可见来历不凡。

另外，从老百姓对名医的称呼上也可以看出这种影响，如东汉医家张仲景为"医圣"，唐代医家孙思邈为"药王"，秦越人被称为"扁鹊"（周秦时代，凡是良医，人们都称为扁鹊），叶天士也以自己卓越的医术在广大人民群众中享有很高威望，从而获得一个称号——"天医星"。

说起这个称号，它还有一段来历。

相传江西有位张道士来苏州时，身患重病。因自己为道士，所以乞求于法术。但是各种各样的法术用尽都丝毫无效，眼看着病情一天比一天严重，不得已派人去请叶天士治疗。

叶天士在对病人进行四诊合参后，开出了处方。服药一剂即转危为安，连续服药几剂病就痊愈了。自此之后，张道士明白依靠法术治病无济于事，有了病还得找良医。叶天士的高超医术给他留下了深刻的印象，他逢人就说："我患病的那天，梦见天神指点我，说这病非叶天士不能治，他是'天医星'下凡。"

从此，叶天士为"天医星"的传说，就广泛地在苏州一带传播开来。此事虽然有些荒诞，但从一个侧面，反映了人民群众对叶天士良好医术的赞美之情。

类似的例子还有一些。

有位20多岁的贵族公子，父亲为某省制军（清代对总督的称呼，为地方最高行政长官）。因家境优裕，所以一直过着饭来张口，衣来伸手的生活，而且每天是大鱼大肉、美酒佳肴，生活颇为奢侈。

这年秋天，公子通过乡试考取了举人，全府上下张灯结彩，喜气洋洋。一些希望攀龙附凤的人们，借着庆贺的机会也相继来到。一时间，门前车水马龙，热闹非凡。公子家里也是大排筵宴，大家推杯换盏，寒暄不已。

曲终人散，客人相继离去。公子突然觉得双眼发涩，颇为难受。家人以为是劳累所致，遂让他早点上床安歇。

谁知第二天起床后，大家见公子的双眼红肿得像熟透了的桃子一样。公子自己也觉得双眼红肿热痛，似刀割火灼，痛不可忍，急忙派人去请叶天士治疗。

叶天士诊察过后说："公子一贯大鱼大肉，膏粱厚味，久而久之，体内积蓄了很多热毒，因此眼睛红肿热痛。不过也不值得如此忧虑，不治它也会自己好。只是好了以后7天，公子的脚心必然生痈毒，如此则病不可救。"

因为叶天士平日判断病人的生死极为准确，人们形容为"如烛照物，不差分毫"。公子一听他说这话，恐惧万分，忙跪下来叩首求救。

叶天士赶忙搀起病人，望着他那心急如焚的样子，叶天士很平静地告诉他："你不要太着急，现在还不需要服药，应当先用其他方法驱除热毒。如7日不发作，我们再商量。"

公子求方心切，希望叶天士能尽快为他处治。叶天士说："此时你应平心静坐，不要考虑太多，用左手擦右脚心36遍，以右手擦左脚心36遍，每天如此7次，过7天后我们再说。"

公子遵照叶天士的话治疗7天后，再次请叶天士诊察。公子说："先生，真是神了，我的眼病已像您说的那样好多了，就是不知道痈毒还会不会发，先生您能告诉我吗？"

叶天士笑着说："上次我所说脚心生痈毒一事，根本就是子虚乌有的，你身为富贵之人，事事如意，所害怕的，只有一个'死'字。因此我用死来恐吓你，使得你断绝其他念头，一门心思惦记着您的脚，用手擦脚，则心火下行，眼病自然就好了。不是这样的话，心情一烦躁，则眼睛更痛，纵然天天吃灵丹妙药，也是没有效果的。"

一听这话，公子悬着的一颗心总算落下来，他笑着感谢叶天士，并感慨地说："您真是'天医星'啊！"

在这个故事中，叶天士让病人用手擦足

治病，是很有道理的。因为足部就像一个人身体的缩影，上面有许许多多的穴位，对应着身体的脏腑组织器官。在这些穴位施以某些治疗（如按摩、针灸）方法，就可以治疗相应组织器官的疾病。因此现在出现了《足部反射区治疗学》。公子用手按摩足部某些穴位，使心火下行，同时结合心理暗示疗法，眼病自然就好了。

见微知著　料医如神

　　大凡一个高明的医生，不仅在于治疗疾病，而应当在疾病没有出现时，就能预见到它的发生和发展，进而在未病之前采取措施防止它的发生，或是在疾病的初级阶段将它控制住，这样才算得上是高明的医生。中医最古老的著名理论著作《黄帝内经》中就说过："是故圣人不治已病治未病，不治已乱治未乱……夫病已成而后药之，乱已成为而后治之，譬犹渴而穿井，斗而铸锥，不亦晚乎？"意思是说，高明的医生，不主张有了病然后讲求治疗，而是要在未病之先加以预防；这就像治理国家一样，不要等到出现动乱，然后研究治乱的方法，而是要在未乱之前，防止乱子的发生。

假使疾病已经发生了才去治疗，动乱已经形成了才去平定，这就等于口渴了才想到挖井，遇到战争才想到制造武器，那不是太晚了吗？这段话强调的就是"治未病"的观点。

时至今日，"治未病"已成为中医学的特色之一，其含义也较前有所发展，大致包括如下3个方面的内容：一是未病先防。例如在流感流行的季节，用大量板蓝根、大青叶煎汤代茶饮可以起到预防流感的作用；二是有病早治。如年老血压偏高的人，如经常头目眩晕、大拇指和次指麻木、或口眼和肌肉不自主跳动，为中风（现代医学称之为"脑卒中"又称"脑血管意外"）之先兆，这种病应及早治疗，否则会危及生命，即使勉强挽救过来，也会留下后遗症；三是掌握疾病发展的趋向，及早切断其传变。东汉医家张仲景的著作《金匮要略》指出："见肝之病，知肝传脾，当先实脾。"说的也是这个意思。

叶天士通过长期的医疗实践，对某些疾病的发展变化已有比较深入的了解，因而能够见微知著，言他人未能言，令人叹服。

有一天，叶天士从外面出诊回来，遇上了大雨，来到了一条小河边，只见水高浪急，河面上原有的一座小桥也淹没在波浪之中，无法过去。

叶天士正在左右为难，不知如何是好。这时一位村夫路过河边，他见是有名的叶大夫，忙问是怎么回事，叶天士将情况一一相告。

村夫自幼在河边长大，对河床深浅了然于心，他对叶天士说："先生不要着急，有个地方河床很浅，水流也慢，我可以背先生过去。"叶天士一听，忙说："那只有谢谢您啦。"

随村夫来到一处河边，果然水势缓和多了，农夫弯腰背起叶天士，小心地趟过了小河。

叶天士感动之余，不觉认真地打量起村夫来，医生的职业习惯使他看出了村夫患有某种疾病，遂直言相告说："老乡，我通过看你的气色，可以断定你患有疾病，如果不抓紧时间治疗，明年的今天，就会加重而死。若现在就着手治疗，还可保全性命。"

村夫一听，心里老大的不高兴。心想：人家好不容易将您背过河，全身上下没有一件干衣衫，你还给我断起生死来，真是好心当做驴肝肺。

见村夫面露不悦之色，叶天士本想一走了之。因为《黄帝内经》早就说过："病不许治者，病必不治，治之无功矣。"意思是说，如果病人对医生不信任，那么他的病就没有办法治疗，即使勉强治疗，也没有好的效果。

但医生的责任感和感激之情使他再次提出为村夫治疗，谁知话没说完，村夫已离他而去了。

到了第二年，村夫头上果然长出痈疡来，急忙来到叶天士家求治。叶天士知道病情已很危重，无能为力了，遂给他一些银钱，并安慰一番送他回家。

待村夫走后，叶天士对周围的人说："他活不过明天酉时（相当于晚5点—7点），已没办法救治了，真是令人惋惜。"第二天村夫果然去世了。

当然，这件事本身的真伪今天已无从考证，或许有人认为这有点荒诞不经。

重要的不在于这件事本身，而在于通过这件事可以看出叶天士通过实践经验的积累，已能预测某些疾病的变化和发展，这点是毫无疑问的。

相传有位姓章的司马官（即知府，管辖州县，为府一级的行政长官）患呃逆病，不能言语，经常觉得喉咙之间有气上冲，呃呃连声，声短而频，不能自制。

于是派人请叶天士治疗。叶天士诊察完毕，即用人参4两，附子4两，同煎一大碗汤药，让病人用汤匙频频饮用，一夜间，呃逆就止住了。

当时章司马的儿子侍奉在他父亲身旁，叶天士仔细观察他之后，告诉他说："你最近几天要患疟疾，病势严重，时间较久。"于是为他处方治疗。

第二天，司马之子果然发疟疾，服用叶天士的药方，将近百日才痊愈。

有位20来岁的青年，夏天咳嗽，痰中有时带血咳出，经常发冷发热，饮食减退，身体逐渐消瘦，口不渴，站立行走时经常扑倒在地，症状时轻时重，牙根松动，齿龈红肿，早晨起床经常有血胶粘在齿龈上，脉细而数。

多数医生将其当做虚证诊治，应用天冬、

麦冬、生地、熟地之类，用药很多却无效果。叶天士诊察后认为是湿温病（指好发于夏秋季节的一种热病），应用芦根、滑石、杏仁、苡仁、通草、钩藤、白豆蔻等。嘱咐病人服20服则痊愈，若不足20服，过后当并发疟疾。其人服药10服后病已痊愈，即停药。至10月，果然疟疾发作，仍服前药病才消除。

现代医学告诉我们，有很多疟疾病人在典型发作（即具有寒战期、高热期、大汗期的发展过程）前可有前驱症状，如疲倦、乏力、头痛、肌肉酸痛、食欲减低。

上面两个故事中，叶天士是否通过这些前驱症状来判断病人会患疟疾，我们不得而知，但还是有这种可能性的。

叶天士尤其善长治天花。天花是一种传染性极强的烈性传染病，一旦流行起来，就会有成千上万的人得病死亡。病人全身起疹子、水泡，最后变成脓包、发高热，并很快死亡。如果万一侥幸不死，则全身，尤其是脸部会留下一个个瘢痕，俗话称这种病人叫"麻子"。现在我们偶尔从一些年长者脸上还可以看到这种痕迹。

通过长期临床实践，叶天士总结出了通过用鼻子闻病人气息来判断病情预后的方法。有一年，他的第二个孙子阿坤出天花，全家无不着急万分。叶天士掀开孙子的蚊帐用鼻子闻了一下，不由得惊叹一声："这是死气。"说完老泪纵横，忙吩咐家人为孩子准备后事。若干天后，这个孙子就夭折了。

第二年，叶天士的长孙阿堂也患天花发热，叶天士诊察后说："这是闷痘（天花的一种），及时救治，尚有生机。"急忙处方服药，危而得生。

时至今日，类似这样的有关中医对疾病的预测性诊断、治疗以及预后的宝贵经验已得到发掘和整理，如中国中医研究院杨力教授的新作《中医疾病预测学》即对此进行了很好的总结。

该书认为，就像地震发生之前有征兆一样，人体也有着严密的报警装置，一旦疾病发生，便频频发出信号，我们可以据此作出早期预防、诊断和治疗。

然而人体也有着强大的适应能力，这种能力往往掩盖了疾病的存在。或者是人们对已经亮起的红灯掉以轻心，等到引起注意，疾病已经步入晚期，以致失去了最佳治疗时间，这方面的教训可以说是举不胜举。

　　因此这本书从先兆证的理论基础，先兆证的特点、规律，先兆证的特定部位以及先兆证的表现形式等方面进行论述，并介绍了阻截治疗的方案和验方。

　　由此可见，叶天士能对某些疾病的发生发展作出准确的判断，并非是他有什么先见之明，而是在于他对前人预测疾病的经验进行了总结，从中获得了很多启迪，因而有时能言他人所未能言。

可惜的是叶天士这方面的经验未能形成文字留传下来，不能不令人感到遗憾。

妙手回春　医林高手

　　叶天士一生，勤于临症，坚持在防病治病的第一线为老百姓排忧解难，以自己的言行实践着一名医生的诺言。他一生拯救的患者何止千万。时至今日，苏州一带人民提及他，无不感到骄傲和自豪。

　　叶天士治病，主张融合各位医生的长处，针对病情，从病人的具体情况出发，开出药方。他反对医生看病拿不定主意，死套古人的处方而不变动；或者各种药（像补药、泻药、寒药、热药等）都开一点，希望侥幸有一味药偶然能碰上把病治好，这种方法被人们称为"广络原野之术"；或者早晨开一方，晚上另外换一方，换来换去，自己心中一点主意都没有。他认为疾病在早期也有可以看到的症状，随着病情的变化又会出现新的情况。作为医生必须详细了解病史，认真诊断，只有掌握疾病全部情况，做到胸有成竹，然后针对病情开出药方，才能收效。否则就是以药治药，实际上是拿病人来做药物试验，算不上是真正给人治病，十之八九会误人性命。

公元1733年（清雍正十一年）夏秋之交，江苏一带传染病流行，死人很多。江苏巡抚（清代以巡抚为省级地方的长官，总揽一省的军事、吏治、刑狱等）派人请叶天士出来救治。叶天士经过调查研究，结合当时的气候和当地情况，根据当时病人的不同临床表现，采取辨证施治的原则。对江南雨湿之地、常见而流行的暑湿病人（即夏天温度很高而湿度很大的气候而患病者），症状表现为发热、头重、胸闷、腹泻、四肢困倦、舌苔厚腻，使用一种中成药甘露消毒丹治疗；对于病势较重，高热不退，病人昏迷不醒，不时在说胡话，身上出现斑疹或发黄，舌硬而干光无苔的病人，则专用另一种成药神犀丹治疗。结果许多垂危的病人，都一一被抢救过来了，得到了巡抚的极力称赞。

有位更夫（他的任务是晚上敲着梆子，告诉大家已到什么时辰），面部和身体水肿，显现出黄黑的颜色，经苏州同时期有名的医生薛雪看了以后，认为已无法医治，要他回去准备后事。

更夫不甘心就这样死去，他又去找叶天士治疗。叶天士看了这个病人的脸色，又经过认真了解病史和进行诊断，当知道其职业为更夫时，便问道："你晚上打更，是否经常点一种有毒的蚊香？"更夫回答："是啊，水乡蚊子

多，不点蚊香长夜难熬啊！"叶天士说："你
的病是由于常年受这种有毒的蚊香熏染所致，
我给你开个方子，吃两服药就会好的。"

更夫听毕，化悲为喜，精神状态大为好
转，回家吃了两服药病就痊愈了。

像这样反映叶天士高超医术的事例可以说
举不胜举。

有位姓施的7岁小孩患病，当时天气是久雨
阴晦。他的主要症状是泄泻一日数次，腹痛，
大便中所下的东西红白都有。请了两位儿科医
生调治了五六天，但效果不显。

等过了一段时间请来叶天士时，病人已有
呕吐，不能进食，下痢次数很多，且几乎为血
水，腹痛也没有安宁的时刻。两手脉搏很细，

右手脉涩滞，有时好像要停歇一样。

叶天士来到病人家里，一进门就闻到了中药大黄（这是一种能使人大便次数增加的药物）的气味，赶忙叫病人别吃。孩子的家长告诉叶天士说："已请两位儿科医生瞧过了，但仍不见效，先生您是否要看看处方？"

取来处方一看，只见一位医生写道：既已下痢，其中又未看见不消化的水谷之物，如果不采取攻荡去积的方法，就没有其他方法好用了。

叶天士说："怪不得没有效果，孩子四肢发冷，泻下血液七八天，腹痛而且不想喝水，面色枯白，脉象细软，显然是湿冷之气侵入了脾胃，怎么能用像大黄这样的泻下药呢？"忙给病人开了人参、炙甘草、炮姜、当归、白芍、陈皮、肉桂等药，服药二剂后病人大便中解下了不少黏稠之物，续服几剂后，腹痛和痢疾就慢慢好了。

有一天，诊病之后叶天士在街上闲逛，迎面走来一队送葬的人马，从人数和排场来说，好像是贫苦人家的丧事。

当队伍经过身旁时，叶天士突然发现8人抬着的棺木底下渗出一滴滴的鲜血。医生的本能使他觉得这里面有问题，忙让队伍停下来。

众人正在纳闷是什么人竟敢如此大胆拦住送葬的队伍（一般认为这种行为是不礼貌和犯忌的），正欲发作时，内中已有人认出是叶先生，因而忙问有什么事。

叶天士问："病人是什么时候死的？"那人回答说："昨天晚上。""是男的还是女的？""是位孕妇，因难产而死。""我有办法救活她！"听完那人的回答后，叶天士很有把握地说。

　　死者的丈夫听了叶天士的话，当即在路旁哭着向叶天士叩首说："先生如能将她救活，您就是她的再生父母！"

　　众人将死者抬回家，叶天士命人启开棺木，脱去死者的葬衣。诊察完她的脉象后说："病人还有救。"当即取出一根长针，朝患者胸部扎了一针。过了一会儿，只听得"哇"的一声，一个婴儿顺利降生。随着一声叹息，产妇也逐渐苏醒过来。

围观的人群见叶天士起死回生，无不拍手称奇。内中有人问道："您的医术如此神奇，令人叹服，但是您凭什么知道孕妇没有死呢？"

　　叶天士莞尔一笑说："这没有什么稀奇，刚才在街上我看见棺木底下渗出的是鲜血，而不是紫黑的淤血，我就可以断定里面的人未死。刚才给她诊脉时，才知道孕妇之所以昏死过去，乃是由于腹中胎儿用手抓住了她的胞络。胞络与心相连，故疼痛较为剧烈。我用长针刺胎儿的手，胎手怕痛缩回，放松胞络，解除了疼痛。所以得以顺利降生，产妇也因而苏醒过来。"

　　众人闻听，纷纷点头称是。不出一天，整

个苏州城都传遍了这件事。

产妇这种病症，中医称之为"厥症"（类似现代医学的休克），其主要特征：突然昏倒，不省人事，四肢厥冷，多发生于平素体质虚弱的人，加上过度疲劳，睡眠不足、饥饿受寒，或大出血、月经过多或分娩之后，极易诱发。

针灸是治疗厥症的简便有效方法，常用穴位有人中（位于鼻柱下，人中沟的上1/3与中1/3交点处）、涌泉（足底中线的前、中1/3交点处）。在电影中有时我们可以看见这样的镜头：当某人因突然刺激昏倒在地，经常有人用手指紧紧掐住昏迷者的人中穴，就是这个道理。叶天士在病者胸前刺一针，所取穴位似为膻中穴（胸部两乳连线中点部位），这个穴位也具有醒脑开窍、促使昏迷病人苏醒的功效。

除针灸外，对厥症病人可按虚症实证的不同而用药物进行抢救。实证可用搐鼻散（含有细辛、皂角、半夏等刺激性的药物）放在患者鼻腔，使之打喷嚏而苏醒；虚证病人可煎参附汤（由人参、附子组成）灌救。

相传有一次，叶天士的邻居难产几日几夜，已请其他医生开了处方，患者丈夫有点不放心，特地拿了处方来询问叶天士，看看所有药物是否妥当。叶天士看过之后，让他加了一味梧桐叶，产妇服药后顺利生下了婴儿。

这件事传出去后，有的医生就照葫芦画瓢，遇上难产病人就加梧桐叶。叶天士听说后笑着说："我那时用梧桐叶，是因为当天是立秋之日，过了此日，用它还有什么用呢？"

梧桐叶治难产，今已无人仿效。从这件事我们可以看出，叶天士治病时已注意到了气候节令和环境对疾病的影响，这点是难能可贵的。

医　贫

　　或许有人说：医人医国的能人贤士倒是听说过，能医贫的高人则闻所未闻。其实叶天士就有这样的本事，不信请看下面的故事。

　　一天，叶天士乘轿子外出看病，才走出村

外，就见大道上有位老乡跪在路旁求诊，叶天士忙让轿夫停下，自己亲自给老乡看病。

经过一番诊察后，叶天士说："你的脉象好好的，哪有什么病呢？"

老乡回答说："您是远近闻名的医生，什么奇难杂症没见过，我患的是贫穷病，很多医生都说不能治，先生您有什么办法治疗吗？"

叶天士还是第一次遇到有人请求治疗这样的疾病，他想莫非是老乡在拿我开玩笑。但一看其表情，却是正儿八经的样子。遂想了想回答说："你这病说好治也好治，你今天晚上来我家取药方吧，也许一剂药就治好了。"

到了晚上，老乡果然来叶家取方。叶天士对他说："城里到处都有橄榄树种，你可以捡一些去种，等苗长出后就来告诉我，这样您就能脱贫致富。"

老乡一听，心里凉了半截。原以为叶天士会给点银钱打发自己了事，没想到给出了个这样的主意。种橄榄能赚什么钱？但他又猜不透叶天士葫芦里到底卖的是什么药，也只好回去照办了。

几个月过去，经精心照料，橄榄苗长得煞是喜人。老乡赶忙跑来告诉叶天士。叶天士对他说："从今天开始，如果有人向你求购橄榄苗，你可以将价格定高点，不要太便宜了。"

自此之后，叶天士在给病人开的药方中都加一味橄榄苗作药引，并介绍病人去老乡家购买。于是病人便三三两两去老乡家求购。不几天，橄榄苗即所剩无几，而病人却越来越多，没办法只好将价格一涨再涨，于是乎，老乡也就赚了不少钱。

过了一段时间，老乡带着礼物来谢叶天士。叶天士笑着问道："病好了吗？"老乡恭敬地回答："赖先生指点和支持，病已痊愈了。"

自此之后，这位老乡自食其力，勤俭持家，一直过着安宁平静的生活。

这件事本身没有什么值得称道的，今天看来似有欺骗病人之嫌，但却给了我们两点启示：一是从中可以看出叶天士在病人中的崇高威信，如果没有高超的医术作背景，是不可能达到这样的境界的。二是叶天士通过这件事教育了这位老乡，要脱贫致富，只有依靠自己的双手，企盼别人的施舍和帮助，不能从根本上解决问题。

喉痧（猩红热）的记载

　　猩红热是一种急性传染病，其临床特征为发热、咽峡发炎、全身弥漫性鲜红色皮疹和疹退后有皮肤脱屑。该病任何年龄均可发生，但以15岁以下的儿童发病率最高。在西方，1675

年Sydenhem首先对本病作了详细的临床描述并定名为猩红热。

在中国，该病最早由叶天士记载，只不过称为喉痧而已。他在《临症指南医案·疫病门》朱某的医案上写道："疫疠秽邪，口鼻吸受，分布三焦，弥漫神志，不是风寒客邪，亦非停滞里证，故发散消导，即犯津液之戒，与伤寒六经大不相同。今喉痛，丹疹，舌如朱，神躁暮昏，上受秽邪，逆走膻中，当清血络，以防结闭，然必大用解毒以驱其秽，必九日外不致昏愦，冀其邪去正复：犀角、连翘、生地、玄参、菖蒲、郁金、银花、金汁。"从这段话，我们可以得出这么几点结论：

1.叶天士正确描绘了猩红热的主要症状。即

"喉痛、丹疹、舌如朱"，尤其是"朱"字，形象地表述了舌面光剥，舌色殷红的特征，从而揭示了猩红热的主要临床症状。

2.他已知道该病的病因和传播途径。认为是感受"疫疠秽邪"，说明这种病具有较强的传染性。而且明确说明"不是风寒客邪，亦非停滞里证"，也就是说，这种病既非像感冒一样是由于风寒之邪的侵袭，也不像饮食不节而引起的消化不良等里证。

3.提出了治疗方法。治疗的原则是解毒驱秽，可用犀角、连翘、生地、玄参、菖蒲、郁金、银花、金汁等药物，不能像治疗感冒和消化不良等症一样采用"发散消导"的方法，这些治疗原则和方法在今天仍有借鉴作用。

物理降温方法的使用

　　所谓物理降温方法，就是在病人高热的时候，用某些物理方法使温度降下来，如用冰块放在腑窝、腹股沟等大动脉经过的地方，或是用酒精在病人全身擦浴。这些方法对于高热病人非常重要，因为一任高热发展下去，病人很快就会昏迷、惊厥，从而危及生命。

叶天士生活的时期，有很多医生仍按治疗伤寒（感受寒邪引起的疾病，不是现代医学所说的传染病肠伤寒）的方法来治疗温病，耽误了不少病人。叶天士经过反复的实践摸索，终于找到了下面的方法：即让高热昏迷的病人睡在铺席子的泥地上，使其呼吸到冷空气，达到降温救急的目的，同时按处方服药。可以说这是现代物理降温方法的雏形，它一经倡导，就在江南一带广泛流传。

洞庭湖上著华章

八百里洞庭湖，烟波浩渺，银光点点，湖光山色，相互映衬，好一派江南水乡的瑰丽景象。古往今来，无数文人骚客被这里的美丽景色所倾倒，从而留下了许多千古吟诵的名诗佳篇。

一天，湖上荡着一只小船，除摇桨的船夫外，坐着一老一小两人。老者髯发飘逸，精神矍铄；小的斯斯文文，像个学生模样，他手里拿着笔和纸在听老者说着什么，不时点点头，停下来在纸上写点什么。

这就是苏州著名医家叶天士和他学生顾景文。

顾景文跟随叶先生学医已有一些年头了。有名师指点，加上自己聪颖勤奋，学力日进，颇有心得，并且经常能就某些问题提出自己的见解。在叶天士众多弟子中，他是先生最得意的一位。因此这次先生来洞庭湖旅游时，特地带上了这位学生。

叶先生此次来洞庭湖目的有二：一是多年来一直忙于诊务，可以说是夜以继日，有求必应，难得有空放松自己，先生时时感到身心疲惫，正好借这次机会，放松一下自己。另外，通过多年的临床实践和自己细心观察，对温病（以发热为主要临床症状的疾病，包括现在的感染性疾病及非感染性疾病）的发生发展及诊治方法已形成了自己的看法，此次趁着旅游，让顾景文将这些体会记录下来，也算是一举两得。

　　在客栈住下后，师徒俩人白天泛舟湖上，陶醉于美丽的湖光山色之余，老师口授，学生手记，将一些初步想法记录下来，晚上则秉烛修改润色，20多天过去，一部享誉后世的重要著作——《温热论》的初稿就诞生了。

原来，苏州地区地处太湖流域，地势低洼，素有"水乡泽国"之称，是温热病的多发地区，促使很多医家在这方面进行研究，试图找到治疗该病的方法。其中叶天士的老乡、明代著名医家吴有性（1582—1652）在这方面作出了很大的贡献。

吴有性在医学上的主要成就是对温病学说提出了较为系统的新见解。他在继承历代医家学说的基础上，突破传统思想束缚，以创新精神，于公元1462年（明崇祯十五年）写成了《温疫论》一书，为防治传染病作出了重要贡献，也为温病学成为一门专门学科，创造了前提，起到了奠基作用。

明代以来，商业和交通日渐发达，传染病频繁流行，危害严重。据史书记载，仅公元1408至1643这200多年里，大疫流行就有39次之多。1641年（明崇祯十四年）前后，由于明政府的政治腐败，加上清兵内侵，人民生活困难，疫病流行，遍及山东、浙江、河北等地。用吴有性的说法："一巷百余家，无一家仅免；一门十口，无一口仅存"。可见当时瘟疫是多少猖獗，老百姓的疾苦是何等严重。

在这种情况下，吴有性不辞辛苦，不怕传染，深入病区，在给患者治疗过程中，通过对传染病的实际观察和深入研究，终于写出了《温疫论》一书，对传染病的病因、病源、传染途径和方式、流行特点及治疗原则，提出了一整套有关传染病新的思想和学说。

对于传染病的病因病源，吴有性认为"瘟疫之为病，非风非寒，非暑非湿，乃天地间别有一种异气所感"。异气又称为"戾气"和"杂气"。这种物质用我们的肉眼是看不见的。吴有性说："此气无象可见。况无声且无臭，何能得睹得闻"，说的就是这个意思。

吴有性对戾气特性的论述和现代病源泉微生物的某些特性是十分相似的。如他认为戾气是多种多样的，而且具有特异性。在当时的条件下能有这种认识是难能可贵的。我们知道，1867年英国科学家李斯特才第一次认识到伤口化脓和内科传染病同样是由微生物所引起，这比吴有性的认识晚了200多年，而且那时已有了巴斯德关于微生物研究的成果。

吴有性的《温疫论》对叶天士的影响很大，他汲取了该书的精华，加上自己的临床实践，写成了《温热论》一书，使温病学说成为一门系统的科学。

在这部著作中，叶天士创立了诊治温病的方法，即将温热病的传变规律归纳为卫、气、营、血4个时期。这就好比人穿的衣服，一层加上一层。疾病在卫最浅，在气次之，到营较重，入血危重。

现在的《传染病学》对传染病大致分为潜伏期（自病原体侵入人体起，直到最初症状出现以前）、前驱期（病原体生长系列后产生的毒性物质常可使患者出现头痛、发热、乏力等轻度全身反应）、症状明显期（逐渐表现出传染病特有的症状，如肝炎病人出现黄疸，麻疹病人出现疹子，白喉病人喉咙中出现假膜等，此时病情最为危重）、恢复期（此时热度已下降至正常，主要症状亦已大部消失）。虽然叶天士的划分方法与此所指未必完全相同，但却具有同等重要的意义。

卫、气、营、血不仅起到了划分疾病阶段的意义，而且是治疗温热病的准则。在卫阶段，可以用发汗的方法；在气阶段，可以用清气的方法；到营，可以用透热转气清营的方法；入血可以用凉血散血的方法。这些原则仍有效地指导着今天的临床实践。

除此之外，叶天士还对温病的诊断方法

进行了补充，增加了察舌验齿、辨斑疹白等方法。就是通过观察人的舌头的颜色、质地、润泽，牙齿的荣枯老嫩、松紧、牙龈情况等，来判断疾病的浅深阶段，并指导治疗。

所谓斑疹，就是热病过程中发生肌表的斑和疹两种，其中点大成片，摸之不碍手的称为斑，主病在血分；形如粟米，高出于皮肤之上，抚之碍手的称为疹，主病在气分。所谓白，指皮肤上发生的白色水疱，据此可以认为是湿热邪患，这些都对临床具有指导意义。

《温热论》问世后，对后世产生了极大的影响，很多温病学家在此基础上加以补充修改，使得温病学成为专门的学科。

"踏雪斋"与"扫叶山房"

话说在苏州，与叶天士相邻有一位比他小十多岁的医生，名叫薛雪。他对医学也很有研究，治病水平与叶天士不相上下，而且既懂医道，又擅诗文，才华横溢，在当地很有名气。

一时间薛府门前车水马龙，前来求诊者络绎不绝。当地人戏称："有病不找叶和薛，等着把命给。"由此可以看出他俩的名气不相上下。

俗话说："同行是冤家"、"文人相轻"，意思是说，有知识或有能耐的人相互都瞧不起，你找我的不足，我挑你的毛病，谁也不服谁。几千年来，这种陋习不知伤害了多少人，使多少才华横溢的人没能完全发挥自己的聪明才智，叶天士和薛雪亦未能免俗。

照说两人同为名医，又为邻里，理当相互帮助，共同提高才是。但不知从何时起，两人开始挑对方的不是，后来竟渐渐地断了往来。只要病人在他们面前提到对方的名字，就有可能招致他们的不快，甚至可能遭一顿抢白：

"说他如何如何，你到他那里就诊得了，何必来我这里瞎耽误时间。"以至于老病号都知道在他们面前遵守这个禁忌。

相传有甲乙两人打赌吃寒具（又称馓子，一种油炸的面食，以糯米粉和面，加入少许盐，扭成各种形状，油炸食之。在江南某些地方仍保留着端午节吃馓子的习惯），相互约定，以100个为限，谁先吃完谁就赢了。谁知甲方只吃到70个就难以下咽，只好偃旗息鼓，承认自己输了。

本来乙方就此打住，他就是赢家。哪知道这是个争强好胜之徒，为了显示自己的能耐，他竟将100个寒具全吃下了。

谁知吃完没多久，他就觉得腹胀疼痛难

忍，呻吟不已，忙让人抬着去请叶天士治疗。
叶天士经过诊察后说："我没有什么好办法为
你治疗，你还是另请高明吧。"

没办法，此人又去找薛雪诊治，谁知他
的说法和叶天士所说的一模一样。患者家里人
一听急了，可不能让他白白等死。只好苦苦哀
求，让薛先生再想想办法。

薛雪想了想问道："找其他人看过吗？"
患者家里人回答："曾找叶先生看过。""叶
先生怎么说？""和先生您说的一模一
样。""既然如此，你暂且留下来，我试着给
你治疗，但不一定有把握，就看你我的运气如
何了。"

说完，薛雪走入内室，不一会儿，拿出了

装有白黑两种药汁的瓶子，让病人相继服下。没过多久，病人腹中响如雷鸣，马上大泻一次，病情立刻缓和多了，回家后用稀饭调养而慢慢痊愈。

叶天士知道这件事后，很不以为然地说："我怎么不知道用这样的方法治疗呢？只是不乐意这么做罢了。病人因为吃了过多的寒具，当用消导的方法（如用山楂、麦芽之类），但又考虑到病人体弱不支，想先以人参固其元气，然后才能取效。但又考虑到患者家境贫寒，不可能备有人参，所以告诉他没有办法。"

事实上，刚开始的时候，薛雪也是这么想的，但当他听说鼎鼎有名的叶天士也一筹莫展时，就激起了他的争强好胜之心，非得治好这个病人让叶天士瞧瞧不可。因而拿出自家备用的人参先让病人服下，然后用消导之法，使病人获得痊愈。

没想到，这次因为两人的嫉妒心反而救了病人的生命。

一天，叶天士在自己的书房踱着步，望着四壁的花草虫画，猛然想起自己的书房尚无名字。于是让人拿来一块牌匾，自己亲笔写上"踏雪斋"三字，挂在书房正中。意思不言自明：这是要把薛雪的傲气踏在脚底下。望着那遒劲的大字，叶天士颇有几分得意地笑了。

消息很快传到了薛雪的耳朵里，把这位老兄气得不行。他想：你对我不仁，就别怪我对你不义。你要踏掉我的傲气，我也要扫一扫你的威风和神气。当即让仆人写下了"扫叶山房"的牌匾，悬于大厅正中，使来人一眼就可以看见。一时间，两人闹得有点水火不容、誓不两立的味道。

有道是"冤家宜解不宜结"、"解铃还需系铃人"，还真是这么回事。

有一次，叶天士的老母亲患病发高热，汗出得很多，心里烦闷，口渴，脉搏洪大。叶天士亲自给母亲诊察后开了药方，但是连吃了好几剂，仍然不见动静。叶天士看在眼里，急在心里，但左思右想，也没拿出什么好主意来。

其实，叶天士知道这种病应当服用东汉医家张仲景所写的《伤寒论》中的白虎汤，但因其中含有性质大寒的石膏，担心上了年纪的老母亲吃了受不了。该方以白虎命名，药性之猛烈不言而喻。所以叶天士犹豫不决，一时还拿不定主意。

有人把这件事告诉了薛雪，他听到觉得很可笑，对来人说："老太太得的这种病，本来就应当吃白虎汤，只要药用得对，就不会伤人，这有什么犹豫的呢！"

这话又传到叶天士的耳朵里，他仔细掂量了一下，觉得这话还是有道理。就鼓起勇气给母亲开了白虎汤服用。果然吃了几剂药后，母亲的病就好了。

这件事对叶天士的教育和启发很大，他心想：尺有所短，寸有所长。要不是听信薛雪的话，母亲的病情发展至何种地步，尚难预料。他能有如此见识，可见他的医术不是瞎吹的，我该好好向他学习才是。

思想至此，他赶忙让人摘下"踏雪斋"的牌匾，自己亲自拿着来到薛雪家中，他拱起手向薛雪拜了几拜说："薛兄，以前听说你医术高明，心里还有几分不服。我今天来一是向您致谢，老母亲的病情赖老兄的指点，已获痊愈。二来向老兄道歉，以前言语有得罪处，还请多多包涵。"说完将手里的牌匾狠狠地摔在地上，并重重地跺了几脚。

见叶天士亲自登门致谢，薛雪早有几分感动。听了他的这番话，不觉羞愧有加。他也抱拳相向说："小弟一向年幼无知，对先生多有冒犯，也请您多多见谅。"说完，让人摘下"扫叶山房"的牌匾，付之一炬。

从此，这两位名医在学问上互相切磋，互相提高，成为清代医学长河中两颗耀眼的明星。

"子孙慎勿轻言医"

公元1667年（清康熙六年），中医界一颗耀眼的巨星陨落了。叶天士在这一年离开了人世，享年80岁。

还是在年前的时候，老先生就一病不起，

109

吃了很多药，薛雪也来看过了，仍无济于事。家里人急得不知如何是好，街坊邻居以及原来经他治疗的许多病人也纷纷前来看望叶先生，老人感觉到自己将不久于人世，不觉黯然神伤。

这天晚饭后，大家照例来到老人的房间。喝了一碗米汤后，老人的精神似乎好多了。儿子弈章、龙章赶忙扶父亲坐了起来。

环顾四周，除两个儿子外，还站立着长孙阿堂、多年跟随自己学习的顾景文、华岫云、朱心传、吴厚存等。

望着众人，老人缓慢地说道："年前我即一病不起，劳大家费心侍候，使我很是不安。回头看看我这一生，虽然整天忙忙碌碌，未有闲暇，但还是有不少病人失手于我，想来令人惭愧。依我的看法，并不是人人都可以当医生。只有那些天资聪明，读书很多的人，才可以通过医术治病救人，不然的话，就会贻害病人。所以说，药饵就像刀刃，治不好病无异于用刀杀人。我死了以后，你们必须谨慎小心，不可随随便便就说自己懂得了医学。"

一口气说完这么多的话，老人的额头冒出了细微的汗珠。因怕他再次激动，弈章赶忙扶他躺下休息。除了留下他照看父亲外，其他人都满含热泪告退了。

第二天，行医近70年，足迹踏遍江南山山水水的叶天士先生就这样离开了人间。

桃李芬芳　后继有人

　　叶天士去世后，他的学生们忙完老师的丧事后，恋恋不舍地相继离开了老师的家乡，各自发展去了。

　　顾景文回到家乡时，带走了随老师在洞庭

湖上随手所记的《温热论》初稿。当时泛舟湖上，老师随口而出，自己随手而记，语句未加琢磨，尚欠精炼。回到家乡后，他潜心研读，广访名师，广查资料，对《温热论》认真加以修改润色，倾注了自己的全部心血，终于使这部划时代的医著得以问世，从而了却了老师的夙愿。

华岫云返回无锡后，立即着手对老师遗留下来的众多医案进行整理。我们知道，叶氏一生勤于临症，诊务极为繁忙。他的医案大多由自己的学生笔录而成，由于时间紧迫，医案内容大多过于简略，甚至有些仅列姓名和处方，让后人不得要领。华岫云将所有医案进行加工整理，分门别类，每类之后写上自己的按语，分析叶氏的处方用药道理，给人以启发。该书首刊于公元1764年（清乾隆二十九年，即叶天士死后18年），公元1752年，华岫云又将续补叶案、《温热论》与平生所收集的各种经验奇方付刊行世，这就是我们今天所看到的《临症指南医案》。

如果说《温热论》是叶氏毕生经验的理论总结，则《临症指南医案》可以说是他实践经验的总结。后者在历代医案著作中享有盛名，后世疏证叶案的著作甚多。时至今日，这仍是中医药工作者，尤其是临床人员的案头必备之书。该书刊行后，立即风行海内，自清以来，翻刻40余次，由此可以看出其影响之一斑。

叶天士的两个儿子奕章、龙章也继承父

业，毕生忙于治病救人，他们时刻牢记父亲"慎勿轻言医"的临终嘱咐，勤奋努力，不敢有丝毫懈怠，在苏州一带也极有口碑。

公元1758年，也就是叶天士死后12年，又一位伟大的温病学家诞生在江苏省淮阴县，他就是享誉后世的吴鞠通。

吴鞠通在少年时苦读诗书，希望通过考试中举步入仕途。后因父亲及侄儿相继患病去世，使他心灵受到极大的创伤，于是立志学医。

吴鞠通26岁时来到北京，在参与抄写检校《四库全书》（这是清代由皇帝下令组织编写的一部大型丛书）时，有机会广泛阅览各种医学书籍。其中吴有性的《温疫论》使他深受启发，他说："我发现这本书阐述得非常广博，其中很多内容是前人没能涉及的，于是就专心致志地进行学习。"通过学习，也发现了不少问题，"仔细研究它的处方用药，也不免繁琐杂乱。可以说是功过并存，作者用心良苦，而在学术上未达到精益求精的地步"。这个评价可以说是较为中肯和各观的。

后来，吴鞠通又见到叶天士的《温热论》及《临症指南医案》，不觉眼睛一亮，如获至宝。他说："叶天士论述事物不偏不倚，立法处方用药非常精细。但因为他是江南人，所治疗的多是南方盛行的温热病，论述也过于简略，只有一些散在的医案存世，因而没有引起人们的重视。"

鉴于这种情况，吴鞠通总结了吴有性、叶天士等温病学家的学术思想，参阅历代医学文献，结合自己的实践经验，于公元1789年（清乾隆五十四年）完成了他的代表作《温病条辨》。

　　针对叶天士医案中只有药名而无方名的情况，吴鞠通将其中的某些方剂加以化裁，并加上方名。如桑菊饮化裁于《临症指南医案》治秦某风温的处方，清宫汤化裁于治马某温热的处方，连梅汤化裁于治顾某暑病的处方。这些方剂后来成为历代名方，至今仍沿用不衰，显然其中凝集着叶天士的大量心血。

　　吴鞠通的《温病条辨》可以说和叶天士的《温热论》具有同等重要的地位，它们都为温病学说的建立作出了巨大贡献。

因为叶天士闻名遐迩，所以江南书商冒充叶天士出版的医书不少，这有点像今天到处泛滥的盗版出版物一样。如《景岳发挥》《叶氏医衡》《医效秘传》《本草经解要》《本草再新》等10余部，从这里也可以看出叶天士学术思想影响之深远。

世界五千年科技故事丛书

01. 科学精神光照千秋：古希腊科学家的故事

02. 中国领先世界的科技成就

03. 两刃利剑：原子能研究的故事

04. 蓝天、碧水、绿地：地球环保的故事

05. 遨游太空：人类探索太空的故事

06. 现代理论物理大师：尼尔斯·玻尔的故事

07. 中国数学史上最光辉的篇章：李冶、秦九韶、杨辉、朱世杰的故事

08. 中国近代民族化学工业的拓荒者：侯德榜的故事

09. 中国的狄德罗：宋应星的故事

10. 真理在烈火中闪光：布鲁诺的故事

11. 圆周率计算接力赛：祖冲之的故事

12. 宇宙的中心在哪里：托勒密与哥白尼的故事

13. 陨落的科学巨星：钱三强的故事

14. 魂系中华赤子心：钱学森的故事

15. 硝烟弥漫的诗情：诺贝尔的故事

16. 现代科学的最高奖赏：诺贝尔奖的故事

17. 席卷全球的世纪波：计算机研究发展的故事

18. 科学的迷雾：外星人与飞碟的故事

19. 中国桥魂：茅以升的故事

20. 中国铁路之父：詹天佑的故事

21. 智慧之光：中国古代四大发明的故事

22. 近代地学及奠基人：莱伊尔的故事

23. 中国近代地质学的奠基人：翁文灏和丁文江的故事

24. 地质之光：李四光的故事

25. 环球航行第一人：麦哲伦的故事

26. 洲际航行第一人：郑和的故事

27. 魂系祖国好河山：徐霞客的故事

28. 鼠疫斗士：伍连德的故事

29. 大胆革新的元代医学家：朱丹溪的故事

30. 博采众长自成一家：叶天士的故事

31. 中国博物学的无冕之王：李时珍的故事

32. 华夏神医：扁鹊的故事

33. 中华医圣：张仲景的故事

34. 圣手能医：华佗的故事

35. 原子弹之父：罗伯特·奥本海默

36. 奔向极地：南北极考察的故事

37. 分子构造的世界：高分子发现的故事

38. 点燃化学革命之火：氧气发现的故事

39. 窥视宇宙万物的奥秘：望远镜、显微镜的故事

40. 征程万里百折不挠：玄奘的故事

41. 彗星揭秘第一人：哈雷的故事

42. 海陆空的飞跃：火车、轮船、汽车、飞机发明的故事

43. 过渡时代的奇人：徐寿的故事

44. 果蝇身上的奥秘 ：摩尔根的故事
45. 诺贝尔奖坛上的华裔科学家 ：杨振宁与李政道的故事
46. 氢弹之父—贝采里乌斯
47. 生命，如夏花之绚烂 ：奥斯特瓦尔德的故事
48. 铃声与狗的进食实验 ：巴甫洛夫的故事
49. 镭的母亲 ：居里夫人的故事
50. 科学史上的惨痛教训 ：瓦维洛夫的故事
51. 门铃又响了 ：无线电发明的故事
52. 现代中国科学事业的拓荒者 ：卢嘉锡的故事
53. 天涯海角一点通 ：电报和电话发明的故事
54. 独领风骚数十年 ：李比希的故事
55. 东西方文化的产儿 ：汤川秀树的故事
56. 大自然的改造者 ：米秋林的故事
57. 东方魔稻 ：袁隆平的故事
58. 中国近代气象学的奠基人 ：竺可桢的故事
59. 在沙漠上结出的果实 ：法布尔的故事
60. 宰相科学家 ：徐光启的故事
61. 疫影擒魔 ：科赫的故事
62. 遗传学之父 ：孟德尔的故事
63. 一贫如洗的科学家 ：拉马克的故事
64. 血液循环的发现者 ：哈维的故事
65. 揭开传染病神秘面纱的人 ：巴斯德的故事
66. 制服怒水泽千秋 ：李冰的故事
67. 星云学说的主人 ：康德和拉普拉斯的故事
68. 星辉月映探苍穹 ：第谷和开普勒的故事
69. 实验科学的奠基人 ：伽利略的故事
70. 世界发明之王 ：爱迪生的故事
71. 生物学革命大师 ：达尔文的故事
72. 禹迹茫茫 ：中国历代治水的故事
73. 数学发展的世纪之桥 ：希尔伯特的故事
74. 他架起代数与几何的桥梁 ：笛卡尔的故事
75. 梦溪园中的科学老人 ：沈括的故事
76. 窥天地之奥 ：张衡的故事
77. 控制论之父 ：诺伯特·维纳的故事
78. 开风气之先的科学大师 ：莱布尼茨的故事
79. 近代科学的奠基人 ：罗伯特·波义尔的故事
80. 走进化学的迷宫 ：门捷列夫的故事
81. 学究天人 ：郭守敬的故事
82. 攫雷电于九天 ：富兰克林的故事
83. 华罗庚的故事
84. 独得六项世界第一的科学家 ：苏颂的故事
85. 传播中国古代科学文明的使者 ：李约瑟的故事
86. 阿波罗计划 ：人类探索月球的故事
87. 一位身披袈裟的科学家 ：僧一行的故事